Novena

SAN PEDRO

Por Laila Pita

CORAZÓN
RENOVADO

San Pedro, siendo su verdadero nombre; Shimón Barioná, hijo de Jonás. Jesús es quién le da el nombre de Pedro. Nació en Betsaida, hijo de un pescador, profesión que heredó de su padre. Se trasladó a Cafarnaúm donde se casó. Junto con él trabajaban Juan y Santiago hijos de Zebedeo, fue seguidor de Juan Bautista, por el cual es bautizado. Fue el más entusiasta de los apóstoles de Cristo. El fue quién estuvo siempre a su lado, y también el que lo negó tres veces, como ya estaba escrito, cosa que Jesús sabía iba a suceder. Se arrepiente y es perdonado por Cristo. En Samaria predicó y realizó milagros, dos veces fue arrestado y milagrosamente desencadenado y liberado. Fue obispo de Antioquía y obispo de Roma, donde fue martirizado por Nerón, en el año 67 murió igual que San Pablo, crucificado, con la cabeza hacia abajo, porque no se creyó digno de morir como Jesucristo su Señor. Fue enterrado cerca del circo de Nerón, por los cristianos. Sus restos son sepultados en la colina de San Pablo en la de San Juan de Letrán, Roma.

MILAGRO

Un día Pedro venía subiendo al templo, acompañado de Juan, ahí se encontraron con un paralítico que les pidió limosna. Juan contestó: "Míranos, oro o plata no tengo; pero te doy lo que tengo, en nombre de Jesús Nazareno, levántate y ponte a andar". El hombre repentinamente dio un brinco y descubrió que podía caminar, desde entonces se dedicó a alabar a Dios. Cuando vio a la gente que presenció el milagro Pedro les dijo que eso había sido obra de Dios que él únicamente había sido el instrumento.

ORACIÓN DIARIA

San Pedro predicaste sin parar e igual que Nuestro Señor Jesucristo en la cruz fuiste a terminar. Te dedicaste en cuerpo y alma a hacer la obra del Señor y como él, quitaste al hombre su dolor. Te ruego Divino Santo ayúdame para que nunca me falte el trabajo, ni las ganas de trabajar. Dame tu protección para que el producto de mi esfuerzo pueda mis gastos subsanar. Provéeme de sabiduría para no cometer error y siempre estar de buen humor. Santísimo Pedro iluminado por el esplendor solar.

HAGA SU PETICIÓN

Aquí estoy hincado a tus pies. Con la luz de tus quinqués que no tienen comparación alumbra a este humilde feligrés que viene a hacerte esta petición.

Te ruego con todo mi corazón me concedas... (Se hace la petición)

Esto es un asunto de interés te suplico tu atención me des. Concédeme lo que te pido en esta ocasión y con tu divina protección me ayudes, para que seas tú siempre mi salvación.

Padre Nuestro, que estás en el cielo, santificado sea tu nombre; venga a nosotros tu reino; hágase tu voluntad, en la tierra como en el cielo. Danos hoy nuestro pan de cada día; perdona nuestras ofensas, como también nosotros

perdonamos a los que nos ofenden; no nos dejes caer en la tentación, y líbranos del mal. Amén.

Dios te salve, María, llena eres de gracia, el Señor es contigo. Bendita tú eres entre todas las mujeres, y bendito es el fruto de tu vientre: Jesús. Santa María, Madre de Dios, ruega por nosotros, pecadores, ahora y en la hora de nuestra muerte. Amén.

Gloria al Padre, al Hijo y al Espíritu Santo. Como era en el principio, ahora y siempre, por los siglos de los siglos. Amén.

DÍA PRIMERO

Alabado seas San Pedro que con Cristo compartiste el vino. Santo Señor traído por el viento marino. Te ofrezco esta novena para rezarte en los ocasos y rogarte me escuches cuando estés en los parnasos, protege Señor mi camino cuando me dirija a mi labor, evita un suceso repentino. Cuida Santísimo Pedro mis pasos, para no tener retrasos. Sagrado Señor tienes la frescura del pino y la sencillez del campesino, me unen a ti fuertes lazos.

Padre Nuestro, que estás en el cielo, santificado sea tu nombre; venga a nosotros tu reino; hágase tu voluntad, en la tierra como en el cielo. Danos hoy nuestro pan de cada día; perdona nuestras ofensas, como también nosotros perdonamos a los que nos ofenden; no nos dejes caer en la tentación, y líbranos del mal. Amén.

Dios te salve, María, llena eres de gracia, el Señor es contigo. Bendita tú eres entre todas las mujeres, y bendito es el fruto de tu vientre: Jesús. Santa María, Madre de Dios, ruega por nosotros, pecadores, ahora y en la hora de nuestra muerte. Amén.

Gloria al Padre, al Hijo y al Espíritu Santo. Como era en el principio, ahora y siempre, por los siglos de los siglos. Amén.

DÍA SEGUNDO

Reverenciado San Pedro milagroso, Pescador humilde y dadivoso. En el momento que entre a mi trabajo dame buena disposición, te ruego Señor con devoción, para realizar mis labores dame el poder, con tu amor maravilloso. Tiende tu red y atrapa lo que pueda estorbarme San Pedro amoroso. De ser mejor cada día tengo la intención, por eso hago esta petición con todo el corazón. Quiero remar junto a ti Eterno Hombre piadoso, contigo estoy seguro y me siento dichoso. A tu lado las aguas son calmas Santo cariñoso.

Padre Nuestro, que estás en el cielo, santificado sea tu nombre; venga a nosotros tu reino; hágase tu voluntad, en la tierra como en el cielo. Danos hoy nuestro pan de cada día; perdona nuestras ofensas, como también nosotros

perdonamos a los que nos ofenden; no nos dejes caer en la tentación, y líbranos del mal. Amén.

Dios te salve, María, llena eres de gracia, el Señor es contigo. Bendita tú eres entre todas las mujeres, y bendito es el fruto de tu vientre: Jesús. Santa María, Madre de Dios, ruega por nosotros, pecadores, ahora y en la hora de nuestra muerte. Amén.

Gloria al Padre, al Hijo y al Espíritu Santo. Como era en el principio, ahora y siempre, por los siglos de los siglos. Amén.

DÍA TERCERO

Divino Pescador de almas, gloria a ti en la eternidad, junto a ti los sueños se vuelven realidad. Te imploro por medio de esta novena que te entrego sin artificio, me des espíritu de servicio y durante mi jornada dame seguridad, que nunca me falte la buena voluntad, para que de esto siempre obtenga beneficio. Permite que esté fresco y ágil desde el inicio. Provéeme de sabiduría para salvar cualquier dificultad y mi mente llena de claridad. Divino San Pedro por todos nosotros hiciste amoroso sacrificio.

Padre Nuestro, que estás en el cielo, santificado sea tu nombre; venga a nosotros tu reino; hágase tu voluntad, en la tierra como en el cielo. Danos hoy nuestro pan de cada día; perdona nuestras ofensas, como también nosotros

12

perdonamos a los que nos ofenden; no nos dejes caer en la tentación, y líbranos del mal. Amén.

Dios te salve, María, llena eres de gracia, el Señor es contigo. Bendita tú eres entre todas las mujeres, y bendito es el fruto de tu vientre: Jesús. Santa María, Madre de Dios, ruega por nosotros, pecadores, ahora y en la hora de nuestra muerte. Amén.

Gloria al Padre, al Hijo y al Espíritu Santo. Como era en el principio, ahora y siempre, por los siglos de los siglos. Amén.

DÍA CUARTO

Esta novena Adorado San Pedro te vengo a entregar. Tú que con los apóstoles fuiste a pescar, por mi trabajo yo te ruego en este día, con mis jefes dame entendimiento y armonía. Cuando reciba mi salario no me dejes engolosinar y los gastos pueda equilibrar. Haz que fluya el respeto y la alegría. Para todo lo que mi patrón me encomiende dame energía, dame tu luz de claridad para que los asuntos, pueda concretar. Divino San Pedro con tu red atrapas hermosa poesía llena de fantasía.

Padre Nuestro, que estás en el cielo, santificado sea tu nombre; venga a nosotros tu reino; hágase tu voluntad, en la tierra como en el cielo. Danos hoy nuestro pan de cada día; perdona nuestras ofensas, como también nosotros

perdonamos a los que nos ofenden; no nos dejes caer en la tentación, y líbranos del mal. Amén.

Dios te salve, María, llena eres de gracia, el Señor es contigo. Bendita tú eres entre todas las mujeres, y bendito es el fruto de tu vientre: Jesús. Santa María, Madre de Dios, ruega por nosotros, pecadores, ahora y en la hora de nuestra muerte. Amén.

Gloria al Padre, al Hijo y al Espíritu Santo. Como era en el principio, ahora y siempre, por los siglos de los siglos. Amén.

Santo Pescador de Divinos veleros, navegas el mar con Santos gavieros. Te ruego Eterno Apóstol de Jesús dame sentido de cooperación con mis compañeros, y espíritu de equipo y ayuda verdadera, para poder subir peldaño a peldaño la escalera, apoyándonos para que sea más ligera y trabajar como buenos obreros. Dame la entereza para ser el mismo en la empresa o afuera. Tratar por igual al jefe como a la portera. Santo Señor haz que progrese, aléjame de los ancladeros, para que no caiga, tapar los agujeros.

Padre Nuestro, que estás en el cielo, santificado sea tu nombre; venga a nosotros tu reino; hágase tu voluntad, en la tierra como en el cielo. Danos hoy nuestro pan de cada día; perdona nuestras ofensas, como también nosotros perdonamos a los que nos ofenden; no nos dejes caer en la tentación, y líbranos del mal. Amén.

Dios te salve, María, llena eres de gracia, el Señor es contigo. Bendita tú eres entre todas las mujeres, y bendito es el fruto de tu vientre: Jesús. Santa María, Madre de Dios, ruega por nosotros, pecadores, ahora y en la hora de nuestra muerte. Amén.

Gloria al Padre, al Hijo y al Espíritu Santo. Como era en el principio, ahora y siempre, por los siglos de los siglos. Amén.

DÍA SEXTO

Adorado Simón Pedro invítame a navegar en tu barca y muéstrame tu celestial comarca. En ti mi corazón confía, quiero recibir tu perfecta tutoría. Con esta novena te vengo a rogar me ayudes con tu poder que todo lo abarca, sacado de la sagrada arca. En mis descansos recárgame de energía, para estar fuerte y dinámico al siguiente día. Tu grandioso amor a mi corazón marca y el que lo recibe hacia el cielo se embarca. Divino Señor ven a hacerme compañía con tu filosofía.

Padre Nuestro, que estás en el cielo, santificado sea tu nombre; venga a nosotros tu reino; hágase tu voluntad, en la tierra como en el cielo. Danos hoy nuestro pan de cada día; perdona nuestras ofensas, como también nosotros perdonamos a los que nos

18

ofenden; no nos dejes caer en la tentación, y líbranos del mal. Amén.

Dios te salve, María, llena eres de gracia, el Señor es contigo. Bendita tú eres entre todas las mujeres, y bendito es el fruto de tu vientre: Jesús. Santa María, Madre de Dios, ruega por nosotros, pecadores, ahora y en la hora de nuestra muerte. Amén.

Gloria al Padre, al Hijo y al Espíritu Santo. Como era en el principio, ahora y siempre, por los siglos de los siglos. Amén.

DÍA SÉPTIMO

De la bondad de Cristo fuiste testigo, Pescador reverenciado yo quiero estar contigo, para poder la gloria alcanzar, con humildad te vengo a rogar y a pedirte que seas mi amigo y en el camino a casa camines conmigo. Señor permite que ante ti venga a orar y tus pies déjame besar. Cúbreme con tu manto para darme abrigo. Santísimo Apóstol eres dulce como el higo. Tu Divina gracia me puede ayudar y del peligro liberar. Eterno San Simón Pedro de aura dorada como el trigo.

Padre Nuestro, que estás en el cielo, santificado sea tu nombre; venga a nosotros tu reino; hágase tu voluntad, en la tierra como en el cielo. Danos hoy nuestro pan de cada día; perdona nuestras ofensas, como también nosotros perdonamos a los que nos

20

ofenden; no nos dejes caer en la tentación, y líbranos del mal. Amén.

Dios te salve, María, llena eres de gracia, el Señor es contigo. Bendita tú eres entre todas las mujeres, y bendito es el fruto de tu vientre: Jesús. Santa María, Madre de Dios, ruega por nosotros, pecadores, ahora y en la hora de nuestra muerte. Amén.

Gloria al Padre, al Hijo y al Espíritu Santo. Como era en el principio, ahora y siempre, por los siglos de los siglos. Amén.

DÍA OCTAVO

Adorado Apóstol de los doce el más fiel, tienes el amor y la clemencia adheridas a la piel. Te entrego esta novena para implorarte me permitas contar mis bendiciones en las horas que estoy en casa lejos de presiones. Príncipe del mar vengo a ofrendarte bello clavel, para ti el ángel cante con su voz de fino cascabel. Respetado y Alabado San Pedro agradecido estoy por tu divina protección y porque cuando estoy en problemas tú eres mi salvación. Artistas plasman tu imagen con su pincel.

Padre Nuestro, que estás en el cielo, santificado sea tu nombre; venga a nosotros tu reino; hágase tu voluntad, en la tierra como en el cielo. Danos hoy nuestro pan de cada día; perdona nuestras ofensas, como también nosotros perdonamos a los que nos

22

ofenden; no nos dejes caer en la tentación, y líbranos del mal. Amén.

Dios te salve, María, llena eres de gracia, el Señor es contigo. Bendita tú eres entre todas las mujeres, y bendito es el fruto de tu vientre: Jesús. Santa María, Madre de Dios, ruega por nosotros, pecadores, ahora y en la hora de nuestra muerte. Amén.

Gloria al Padre, al Hijo y al Espíritu Santo. Como era en el principio, ahora y siempre, por los siglos de los siglos. Amén.

Divino Santo viste al Cristo caminar sobre agua y con tu manto lo arropaste, como él te perdonó tú a otros perdonaste. Déjame ampararme bajo tu sombra para que siempre cuente con empleo seguro. Ilumina mi labor para no andar en camino oscuro. El pago que reciba para mi sustento baste. Sagrado San Simón Pedro mi corazón flechaste. Reverenciado Señor de corazón y pensamiento puro. Recordarte siempre juro. Quiero mirar tus ojos de bello contraste, mantenerme firme con oración para que mi fe no se desgaste.

Padre Nuestro, que estás en el cielo, santificado sea tu nombre; venga a nosotros tu reino; hágase tu voluntad, en la tierra como en el cielo. Danos hoy nuestro pan de cada día; perdona nuestras ofensas, como también nosotros perdonamos a los que nos ofenden; no nos dejes caer en la tentación, y líbranos del mal. Amén.

Dios te salve, María, llena eres de gracia, el Señor es contigo. Bendita tú eres entre todas las mujeres, y bendito es el fruto de tu vientre: Jesús. Santa María, Madre de Dios, ruega por nosotros, pecadores, ahora y en la hora de nuestra muerte. Amén.

Gloria al Padre, al Hijo y al Espíritu Santo. Como era en el principio, ahora y siempre, por los siglos de los siglos. Amén.

ORACIÓN FINAL

Eternamente Santo San Simón Pedro excelentísima Majestad, eres un Ser sin tiempo ni edad. Dame fuerza y destreza para trabajar. Cuídame del mal compañero y con él nunca pelear. Siembra en mi corazón la alegría y la verdad, dame firmeza y paz para andar por la ciudad. Constancia para la fe predicar y las bendiciones que recibo contar. Lléname Amado San Pedro de felicidad. Santísimo Pescador deja tu maravilloso poder manar, para que llegue a mí sin tardar.

Padre Nuestro, que estás en el cielo, santificado sea tu nombre; venga a nosotros tu reino; hágase tu voluntad, en la tierra como en el cielo. Danos hoy nuestro pan de cada día; perdona nuestras ofensas, como también nosotros perdonamos a los que nos

ofenden; no nos dejes caer en la tentación, y líbranos del mal. Amén.

Dios te salve, María, llena eres de gracia, el Señor es contigo. Bendita tú eres entre todas las mujeres, y bendito es el fruto de tu vientre: Jesús. Santa María, Madre de Dios, ruega por nosotros, pecadores, ahora y en la hora de nuestra muerte. Amén.

Gloria al Padre, al Hijo y al Espíritu Santo. Como era en el principio, ahora y siempre, por los siglos de los siglos. Amén..

Papá Dios: que tu sabiduría nos guíe; que tu
luz ilumine nuestro camino;
que tu amor nos de paz;
que tu poder nos proteja, y
que por donde quiera que
caminemos, tu presencia
nos acompañe. Gracias
Papá Dios que ya nos oís-
te. Amén.